Réserve

Ye 1917

L'HYMNE DE L'ETERNITÉ DE PIERRE DE RONSARD.

Commenté par NICOLAS RICHELET Parisien.

A Monseigneur
Monseigneur Messire NICOLAS de VERDVN, Cheualier, Conseiller du Roy en ses Conseils d'Estat & priué, premier President en sa Cour de Parlement.

A PARIS.
Chez NICOLAS BVON, au mont S. Hilaire, à l'Enseigne S. Claude.

M. DC. XI.

A MONSEIGNEVR
MONSEIGNEVR MESSIRE
NICOLAS DE VERDVN,
Cheualier, Conseiller du Roy en ses Conseils d'Estat & priué, premier President en sa Cour de Parlement.

MONSEIGNEVR

Vn grand frontispice ne conuient pas à vn petit ouurage : quatre ou cinq fueilles de papier ne sont pas dignes d'vne grande offrande. Et c'est ce qui m'a fait doubter long temps, apres l'œuure fait, si ie deuois vous le presenter. Car en effet c'est trop, à la proportion & qualité de mon labeur, que vostre illustre nom y soit inscrit : Si ce n'est qu'estát vn nom d'eternelle vertu, la consecration de l'hymne de l'Eternité luy appartient. Outre que vostre esprit, plus grand encor que vostre grande dignité, vostre admirable humanité, integrité, vostre resolution aux actions du bié public, vous portent d'eux mesmes à l'Eternité. Et puis, les lettres que vous

A ij

aymez auec passion (voftre éminent sçauoir en est tesmoin) peuuent elles auoir du dessein, que ce ne soit à vous, non pour vous eternizer, mais pour s'eternizer en voftre nom? De moy ce que i'en ay fait, n'a esté que pour m'acquiter de mon debuoir en voftre endroit, & pour vous faire voir au temps des vacations, le diuertissement que ie me suis donné sur vn auteur, que i'estime vn petit moins sçauant qu'Homere. C'est vn miracle de voir ce qu'il sçait, & qui eschappe à qui n'y a bon œil. Vn Eufthate, vn Seruius, vn Macrobe y seroient bien occupez, & ie n'en veux tesmoin que vous, à qui, comme au grand prestre du sçauoir, tout le myftere sainct, des Grecs & des Latins est descouuert. Tant y a que vous aurez ce contentement en lisant cet Hymne, d'y voir la grandeur de celle, qui est seule capable de recompenser vos merites infinis, comme elle est infinie. Et quád à moy i'auray assez d'honneur, si par ces premices de mon humble affection, ie puis tesmoigner à tous, vous l'ayant agreable, que ie suis

MONSEIGNEVR

    Voftre tref-humble & tref-
     obeyssant seruiteur,
      RICHELET.

L'HYMNE DE L'ETERNITÉ DE PIERRE DE RONSARD.

Commenté par Nicolas Richelet Parisien.

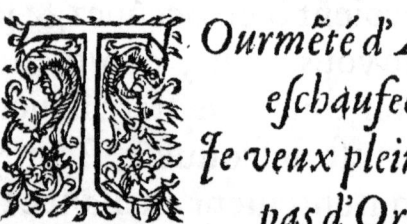Ourmêté d'Apollon qui m'a l'ame eschaufee,
Je veux plein de fureur suiuant les pas d'Orfee,
Recercher les secrets de Nature & des Cieux,
Ouurage d'vn esprit qui n'est point ocieux:
Je veux s'il m'est possible atteindre à la loüange
De celle qui iamais par les ans ne se change:
Mais bien qui fait chāger les siecles & les têps,
Les mois & les saisons & les iours inconstans,
Sans iamais se muer, pour n'estre point sujette,
Comme Royne suprême à la loy qu'elle a faite.
Trauail grād & fascheux: & toutefois l'ar-
deur

HYMNE

D'oser vn si haut fait m'en conuie au labeur:
Puis ie le veux donner à vne qui merite
Qu'auec l'Eternite sa vertu soit escrite.
  Donne moy s'il te plaist, immense Eternité,
Pouuoir de celebrer ta grande Deité:
Donne l'archet d'airain & la lyre ferree,
D'acier donne la corde & la voix aceree,
Afin que ma chason soit viue autant de iours,
Qu'eternelle tu vis sans voir finir ton cours:
Toy la Royne des ans, des siecles & de l'âge
Qui as eu pour ton lot tout le ciel en partage,
La premiere des Dieux, où bien loin de soucy
Et de l'humain trauail qui nous tourmête icy,
Par toy mesme côtente,& par toy biẽ heureuse
Tu regnes immortelle en tous biens plãtureuse.

RICHELET.

Tourmenté d'Apollon.] de l'Eternité, c'est à dire, de Dieu, depend la nature : il est l'Auteur de tout ce qui est creé : c'est à l'Eternité que l'hymne premier, le premier honneur est deu : & c'est pourquoy nostre poëte veut commencer ses hymnes par elle, comme par le commêcement, voire par ce qui a esté tousiours auant le commencement de toutes choses. Le labeur luy en fait peur,& c'est pourquoy il demande & inuoque vne force extraordinaire. Ceste Eternité dont (dit-il) est maistresse du temps, elle est au plus haut du Ciel, paisible & contente, plaine de magnificence & de lumiere, commandant au Destin, selon qu'il luy plaist que le monde soit gouuerné: Et comme elle ne vieillit point, aussi ne veut elle pas que la vieillesse approche du Ciel, ny le discord qui puisse troubler la paix & l'ordre du monde, qui est son œuure & subiect à elle, voire maintenu seulement par elle: comme au contraire l'estre de l'Eternité est en elle & de par elle mesme, & n'a rien que de present; le futur & le passé estans termes de nostre humanité, foible & miserable depuis le peché : au lieu que l'Eternité n'est rien que toute vertu, puissance, infinité, perfection, & bref qu'Eternité; auprès de laquelle il desire aprez sa mort, pouuoir voir Marguerite de France Duchesse de Sauoye. *Tourmenté*] car tout enthousiasme est laborieux & donne du tourment, ainsi le Calchas au 3. de l'Achilleide, espris de la fureur d'Apollon,

--- *caligine sacra*
Pascitur, exiliunt crines, rigidisque laborat
Vitta comis; nec colla loco nec in ordine gressus.

& principalement les vrais poëtes sont tourmentez en leur fureur, ἔνθοι, καὶ καδεχόμϋοι, καὶ μαινόμϋοι. Platon en son Io. *Plein de fureur.*] & sans cela, rien qui vaille en la poësie, *negat enim sine furore Democritus, quemquam poëtam magnum esse posse*, Ciceron. *Suiuant les pas d'Orphée*] qui s'est occupé en ses hymnes, à la recherche de toute la nature, & des choses créées, tant superieures qu'inferieures. Eumolpe, Line, & Musée auparauant luy, ont fait de mesme. Ainsi, dit Laërtius, Musée le premier de tous enseigne θεογνίαν καὶ σφαῖραν, auec ceste haute propositió philosophique, que toutes choses procedent de l'vnité d'vn principe, & se resoluent au mesme principe ἐξ ἑνὸς τὰ πάντα γίνεσθαι, καὶ εἰς ταὐτὸν ἀναλύεσθαι: Line,

HYMNE

traicte de la creation du monde κοσμογονίαν, ζώων ϰ̀ καρ-πῶν φύσεις. Ainsi nostre poëte en les imitant, veut aujourd'huy s'addonner à la recherche des secrets de la nature, tant intellectuelle, que sensible. Et principalement en suiuant les pas d'Orphee, esprit releué dans la cogitation des choses diuines, & grand philosophe, comme l'appelle le mesme Laertius φιλόσοφον ἀρχαιότατον. *De celle qui iamais*] de l'Eternité, c'est à dire de Dieu, & de fait Marulle en l'hymne de Iuppiter, en dit autāt,

Quem non principium, non vlla extrema fatigant,
Expertem ortus atque obitus, qui cuncta gubernas
Nescius Imperij, totiúsque in te ipse, vicésque
Despicis æternus, & tempora sufficis æuo.

qui fait changer les siecles] comme estant la source du tēps, *ex cuius perpetuitate perficitur*, ce dit Arnobe lib. 2. *Infinita vt prodeant sæcula*, & ces siecles coulent & se changent perpetuellement. *Comme Royne supréme.*] *Immensi regina æui*. Marulle. *L'archet d'airain*] comme encor Marulle, *adamantina suffice plectra*. *Qu'eternelle tu vis*) Elegamment S. Hilaire sur S. Matthieu chap. 31. *æternitas, in infinito manet, sine mesura temporum semper est, vt in his quæ fuerant, ita in illis quæ consequentur, extenditur, semper integra, incorrupta, perfecta.* *Sans voir finir ton cours.*] marque encor essentielle de l'Eternité, à ce propos Tertullian contre Hermogenes chap. 4. *quis alius æternitatis status, quam semper fuisse, & futurum esse, ex prærogatiua nullius initij & nullius finis?* *Toy la Royne des ans*] & la plus ancienne de tout ce qui est, comme Thales appelle Dieu dās Laërtius πρεσβύτατον ὄντων. Or elle est Royne des ans, parce qu'ils n'ont point de pouuoir sur elle, ou parce qu'en effect les ans & les siecles sont non seulement posterieurs à l'Eternité, mais au mōde mesme, duquel le temps a pris son origine, & c'est ce que dit Philon Iuif aux allegories, χρόνον νεώτερον κόσμου, parce que c'est le
soleil,

soleil, ἡλίȣ κίνησις, qui fait le temps, & le soleil est fait
apres le ciel creé. *Et de l'humain trauail*] fort bien, car
le trauail est pour les choses d'icy bas, mais au Ciel, *in
cœlo semper quiescitur*, ce dit S. Hilaire psal. 131. & Dieu
mesme, *indefessa illa natura, laborem nescit & semper est in
quiete*. *Par toy mesme contente.*] *Pace tua latè pollens téque
ipsa beata*, Marulle. selon que Platon definit Dieu ζῶον
ἀθάνατον, αὐταρκὲς πρὸς εὐδαιμονίαν, οὐσίαν ἀΐδιον, τῆς τ' ἀγαθῆς
φύσεως αἰτίαν, ou comme dit mieux S. Cyrille πρᾶγμα αὐ-
θύπαρχον, μὴ δεόμενον ἑτέρȣ πρὸς τὴν ἑαυτȣ σύστασιν.

Tout au plus haut du Ciel dãs vn thrône doré
Tu te sieds en l'habit d'vn manteau coloré
De pourpre rayé d'or, passant toute lumiere
Autãt que ta splendeur sur toutes est premiere;
Et là tenãt au poing vn grãd sceptre aimãtin,
Tu establis tes loix au seuere Destin,
Qu'il n'ose outrepasser, & que luy-mesme en-
    graue
Fermes au front du ciel, car il est ton esclaue:
Ordonnant dessous toy les neuf temples voûtez
Qui dedans & dehors cernent de tous costez,
Sãs riẽ laisser ailleurs, tous les mẽbres du mõde
Qui git dessous tes pieds comme vne boule rõde.

RICHELET.

Tout au plus haut du Ciel.] La place de Dieu & de l'Eternité, ce dit Aristote, au 6. du mõde d'où il est appellé hypatus, τὼ μὲν ἀνωτάτω, ἢ ϖρώτιω ἕδραν αὐτὸς ἔλαχϑι· ὕπατος δ/ὰ τῦτο ὠνόμασαι, ἢ κϑ' ὃν ποιητὼ, ἀκροτάτη κορυφῆ τῦ σύμπαντος ἐγκαϑιδρυμῳος ὄεανᾶ. Et Platon de mesme dans le Protreptic de Clement Alexandrin, ἀνω ϖερὶ τὰ νῶτα τῦ ὀεανῦ, ἐν τῆ ἰδία ἢ οἰκεία ϖεριωπῆ. *Dans vn thrône doré.*] Tout ainsi que le Prophete Esaye, fait seoir dans vn thrône l'Eternité du Fils de Dieu, *vidi dominum sedentem super thronum excelsum, eleuatum. &c.* S. Cyrille cathech. 14. en marque de sa puissance & majesté. *Tu te sieds*] selon Platon, qui côtraire aux autres philosophes, lesquels meslent Dieu parmy la matiere, & le font subiect à ses chãgemés, dit, qu'il est assis au haut du Ciel sur des saincts fondemens, c'est à dire sur le reglement & gouuernement de la Nature, ἄνω που ϖερὶ τὼ ἀεὶ κϑ' ταῦϮα ὕτω φύσιν ἔχουσαι ἰδρυμῳος ἐν βάθροις ἁγίοις, εὐϑέα ϖραίνει κϑ' φύσιν πελοπορευόμῳος. Plutarq. au traicté ϖρὸς ἠγεμόνα ἀπαιδ'. *En l'habit d'vn manteau coloré.*] Pourquoy cet habit, & habit de pourpre rayé d'or: est-ce en marque de la richesse, opulence & grandeur de Dieu, ou si c'est par imitation de l'habit que le Prophete donne à l'Eglise, laquelle est ainsi representee au psalm. 44. *in vestitu deaurato, circumamicta varietatib.* selon que remarque S. Augustin au 17. de la Cité chap. 16. Ou bien, si c'est à cause des formes eternelles ou images de toutes choses qui sõt en Dieu, & desquelles comme d'especes immortelles les indiuidus d'icy bas sont reuestus; ainsi que dit elegammét Trismegiste en l'Asclepius, *mundum istum sensibilem, & quæ in eo sunt omnia, à superiore illo mundo, quasi ex vestimento esse contecta.* *Vn grand sceptre aimantin*] τῆς ἡγεμονείας κόσμημα. Dion. pour monstrer sa puissance inuincible & absolue qui attire & emporte tout. *Au seuere Destin*] comme estant le destin subiect de l'Eternité, qui luy prescrit immutablement ce qui doibt estre fait; & c'est pourquoy Seruius 3. Aeneid. dit, selon la definition de Ciceron, que le Destin est *connexio rerum per æternitatem se inuicem tenens, quæ suo ordine & lege variantur, ita tamen vt ipsa varietas habeat æternitatem*, de façon que par ce Destin nostre poëte entend la predestination de Dieu sur toutes les choses creées, dont la loy est seuere & immuable de toute eternité, c'est à dire, que le Destin est vne verité constante, & coulante de l'Eternité, *ab omni æternitate fluens veritas sempiterna*, côme encor le definit Cicerô au 1. de la Diuination, selon laquelle determination, Dieu a disposé les causes efficientes en la nature, pour faire que necessairemét elle aille son cours, côme il l'a arresté. Et ceste nature proceddę des mouuemens du Ciel, au front duquel, nostre poëte dit fort bien, Que l'arrest & la loy des choses futures sont engrauez par le Destin mesme, c'est à dire, à l'effect de la predestination diuine sur les choses qui doibuét estre. *Fermes au frôt du Ciel.*] car elles sont de necessité en l'ordre du temps, & selon le cours du Ciel, ordonné de Dieu, *hæc enim tria, fatum, necessitas, ordo, dei nutu sunt effecta, & ab his omne velle & nolle diuinitus auersum est, nec ira commouentur, nec flectuntur gratia, firmata diuinis legibus disciplina.* ce dit Trismegiste, *stant adamantinis, decreta cœli fixa vinclis, nec dubio labefacta casu, nec fracta vi.* Buccanan psal. 77. *Les neuf temples voûtez.*] les neuf Cieux, & semb par là que l'Auteur ne reconnoisse que neuf Cieux. Comme de fait les philosophes en ont eu diuerse opinion. Les vns ont dit qu'il n'y en auoit que huict : assauoir ceux des 7. planetes, & le huictiesme, des estoiles fixes, qu'ils appelloient le premier mobile, les autres ont dit qu'il y en auoit neuf necessairement, ayans recognu par experience que le huictiesme Ciel auoit deux mouuemens contraires, l'vn de l'Orient en Occident, & l'autre de l'Occident en Orient : & de là ils

B ij

ont conclu, qu'il ne se pouuoit faire que le huictiesme Ciel fut le premier mobile, mais qu'il estoit le second, & c'est l'opinion de Ptolemee. Les autres ayans obserué encor au firmament, vn autre mouuement qu'ils appellét de trepidation, *accessus & recessus*, & ne se pouuant faire qu'vn mesme Ciel ayt de soy deux mouuemens contraires, ny qu'il en reçoiue deux du Ciel qui luy est superieur, d'autant que le premier mobile, ne peut auoir qu'vn simple & vnicque mouuement, de là ils ont cóclu, qu'il falloit qu'il y eust vn dixiesme Ciel, lequel ils ont appellé le premier mobile. Et ce sont là tous les Cieux, qui ont esté remarquez par leur mouuement, & qui sont mobiles. Et quand aux immobiles, la Theologie en reconnoist vn, qui est le Ciel empyrée, fixe & exempt de tout mouuement local, & remply d'vne lumiere incomprehensible, ou les intelligences & bienheureux esprits habitent. *Sans rien laisser ailleurs.*] pour monstrer qu'il n'y a point de vuide, mesme dehors, & pour faire voir que toute la matiere a esté employée en la creation du monde, sans qu'il en soit resté rien pour faire d'autres mondes. Autrement il seroit imparfait & ne seroit pas vnicque, ny image de Dieu, comme il est, quand à l'vnité εἷς ὅτι ϗ ὅλος, ce dit Philon Iuif περ. αφθ. κοσμ. ἐκτὸς μὲν γὸ ὐδὲν ὅτι τῆς κόσμου πάντων εἰς τὴν συμπλήρωσιν αὐτῦ συνεργανισθέντων. *Tous les membres du Monde.*] toutes ses parties, tout ce qui est creé du monde sensible au dessus duquel est Dieu, l'infini, le monde intelligible, ce dit Trismegiste. *Comme vne boule*] *pila similis*, Ouide: mais pourquoy plustost ronde que d'vne autre figure? Platon au Timée dit, que c'estoit affin que la figure respódist à la qualité de l'animal, lequel embrassant en soy tous les animaux, deuoit estre aussi d'vne figure, qui continst & embrassast en soy toutes les figures, ᾧ πάντ' ἐν αὐτῷ ζῶα περιέχυμέν-

DE L'ETERNITE'

λογικὸ ζώῳ, πρέπον ἂν εἴη σχῆμα τὸ περιειληφὸς ἐν αὑτῷ πάντα ὁπόσα σχήματα.

A ton dextre costé la Jeunesse se tient,
Jeunesse au chef crespu, de qui la tresse vient
Par flots iusqu'aux talons d'une enlasseure en-
 torse,
Enflant son estomac de vigueur & de force.

 Ceste belle Ieunesse au teint vermeil & franc,
D'une boucle d'azur ceinte dessur le flanc,
Dans vn vase doré te donne de la destre
A boire du nectar, afin de te faire estre
Tousiours saine & disposte, & à fin que tō frōt
Ne soit iamais ridé comme les nostres sont.

 Elle de l'autre main vigoureuse Deesse
Repousse l'estomac de la triste Vieillesse,
Et la bannit du ciel à coups d'espee, à fin,
Que le ciel ne vieillesse & qu'il ne prenne fin.

 A ton autre costé la Puissance eternelle
Se tient debout plantee, armee à la mammelle
D'vn corselet ferré qui luy couure le sein,
Menaçant & branslāt vn espieu dās la main,
Pour guerriere garder les bords de ton Empire,
Ton regne & ta richesse, à fin que rien n'ēpire

B iij

Par la suite des ans, & pour donner la mort
A quiconque voudroit ramener le Discord,
Discord ton ennemy, qui ses forces assemble
Pour faire mutiner les elemens ensemble
A la perte du monde & de ton doux repos,
Et voudroit, s'il pouuoit, r'engēdrer le Chaos.
Mais tout aussi soudain que cet ennemy brasse
Trahison contre toy, la Vertu le menasse,
L'eternelle vertu, & le chasse en enfer
Garrotté pieds & mains de cent chaines de fer.

RICHELET.

A ton d'extre costé.] C'est icy vne elegante allegorie selon les qualitez immuables & tousiours vnes de l'Eternité. Ainsi voyons nous que Constantin, en la premiere harangue qu'il fait en l'assemblee de Nice, vse d'vne excellente allegorie, pour representer, la grandeur de l'Eglise, sa diuinité, son estendue, son fondement. Il represente donc l'Eglise, qu'il appelle τῆς πίστεως κυριακὸν οἰκητήριον, comme vne belle & grande maison, qui donne du comble iusqu'au Ciel μέχρι τοῦ φέγγους τῶν ἄστρων, & qui s'estend par toute la terre. A ceste maison il donne 12. colonnes fermes & plus blanches que la neige, les douze Apostres, qui en la puissance de la diuinité du Sauueur affermissent & establissent sa foy, δύο κỳ δέκα τὸν ἀριθμὸν κίονες, χιόνος λαμπρότεροι, ἀκίνητοι τῇ θέσει τῆς πίστεως, ἀϊδίως τῇ τῆς θεότητος τοῦ ἡμετέρου σωτῆρος δυνάμει βασιλεύοντι. Il met encor (quasi comme fait icy nostre poëte)

DE L'ETERNITE.

deux sentinelles ou gardiens à la porte de ceste Saincte maison : ὅτι ὁ κυριακὸς οἶκος, ὑπὸ δύο μόνων φυλάκων φρυρεῖται, la crainte & l'amour de Dieu, qui font que l'iniquité n'ose regarder seulement la porte, ἀλλὰ ἔξωθεν αὐτοῦ τοῦ τόπου ἐκκλείεται. tiré des actes du Concile de Nice. *Franc*] pur & naturel. *Dispost*] allaigre & gaye : Car il n'y a point de tristesse ny de maladie en l'Eternité. Et c'est pourquoy les Dieux, ce dit Seruius, iurent par le Styx fleuue de tristesse, c'est à dire, par leur contraire, *quia tristitia est contraria, æternitati*. *Ne soit iamais ridé comme les nostres.*] c'est la difference qu'il y a entre le bas & le haut du monde, les choses inferieures & superieures; celles la sont immuables, celles-cy muables. Les Anciens ont limité le lieu des choses immuables & comme eternelles, de tout ce qui est *ad globi lunaris exordium* iusqu'au firmament & au dessus; & des muables, tout ce qui est dessous la Lune, qu'ils ont appellee *vitæ mortisque confinium*. Macrobe *De la triste vieillesse*] parce que rien ne vieillist au Ciel, *senium totis excludis prouida regnis*. Marulle. *Afin que le Ciel ne vieillisse,*] & il ne sçauroit vieillir, car estant tiré sur vn patron eternel, il ne peut que ressembler à son idée, sans changemét ny diminution, *huic nulla accessio fieri potest nec decessio*. Ioint que tout ce qu'il a de passion viét de luy mesme & s'en nourrit, *consumptione & senio sui alitur*, ce dit elegamment Ciceron au liure de l'vniuers. *Le discord*] la confusion des elemens, les contrarietez desquels Tertullian appelle antitheses ; contre Marcion 2. ch. dernier. Tout ainsi que Philon Iuif appelle les elemés en leur accord, freres, ἀδελφὰ στοιχεῖα. au liure περ. αφθ. *A la perte du monde*] fort bien à la perte, car de la paix & vnion de ces quatre *ex his rebus numero quatuor mundi corpus est effectum, & eorum concordi amicitia atque charitate*; Ciceron. laquelle venant à se troubler par le discord & la confusion, il est force que le monde perisse, *& tandem dies aliquis hunc dissipet,& in confusionem veterem,tenebrásque demergat.* comme dit Senecque ad Polyb. ch. 20. R'engendrer le Chaos.] ἀκοσμίαν la confusion comme elle estoit auparauant que le monde fut; l'Aristote estime que le Chaos soit le lieu ὅπον εἴεται εἶναι, ce dit Philon Iuif, qui a esté preallable & necessaire pour receuoir la creation du Monde. Les Stoicques disent que le Chaos est l'eau παρὰ τὴν χύσιν, comme principe vniuersel. si bien que r'engendrer le Chaos selon eux, ce seroit icy resoudre toutes les choses creées en eau, & les r'amener confusément à leur origine. περ. ἀφθαρσ. κοσμ. L'Eternelle vertu] l'efficace de ceste Eternité, c'est à dire la vertu que Dieu a donné au monde de pouuoir tousiours durer & demeurer en son ordre, qui resiste à la confusion, auec laquelle le monde, c'est à dire, l'ornement d'vne parfaicte disposition ne peut subsister καλὸν γὰρ οὐδὲν ἐν ἀταξίᾳ, & le monde, c'est à dire, l'ordre τάξις, n'est rien autre chose, ce dit encor Philô Iuif au mesme liure ἢ ἀκολουθία προηγουμένων ἑτῶν, ᾗ ἐπομένων, qu'vn establissement de suitte, selon que les choses doiuent les vnes preceder & les autres suiure.

Bien loin suiuant tes pas, ainsi que ta seruäte
La Nature te suit, qui toute chose enfante,
D'vn baston appuyée à qui mesmes les Dieux
Font honneur du genoüil quand elle vient aux
    cieux.
Saturne apres la suit, le vieillard venerable
Marchãt tardiuement, dõt la main honorable
            Bien

Bien que vieille & ridee, esleue vne grād faux,
Le Soleil vient dessous à grāds pas tous egaux,
Et l'An, qui tāt de fois tourne, passe & repasse,
Glißāt d'vn pied certain par vne mesme trace,
Vine source de feu, qui nous fait les saisons,
Selon qu'il entre ou sort de ses douze maisons.

RICHELET.

Bien loin suiuant tes pas] Tout cecy est traduit de Ma-
rulle,
   Pone tamen, quamuis longo pone interuallo,
   Omniferens Natura subit, curudque verendus
   Falcè senex, spatiisque breues æqualibus Hora,
   Atque idem toties Annus remeánsque meánsque
   Lubrica seruato relegens vestigia gressu.
La Nature te suit] parce que peut estre elle est comme
son image ainsi que dit Trismegiste au Pimandre, *cuius
imago est omnis natura*, & de là la Nature suit fort biē l'E-
ternité, parce qu'aucune nature ne precedde Dieu
quem Natura numquam creauit, ce dit encor le mesme.
Qui toute chose enfante] qualité propre à la Nature selon
sa definition plus generale que luy donne Aristote au
4. des metaphysicq. ch. 4. l'appellant τ̄ φυομένων χύσιν, &
comme elle enfante tout, elle comprent aussi tout, τὰ
πάντα δεχομένη σώματα, ce dit Platon au Timée, qui remarque vne qualité propre de la Nature, de receuoir &
cōceuoir indifferemmēt toutes choses, & neantmoins
n'en garder ny contracter en soy aucune forme ou res-
semblance δέχεται γὸ, dit-il, ἀεὶ τὰ πάντα, καὶ μορφὴν ὐδεμίαν
ποτὶ ὐδενὶ τ̄ εἰσιόντων ὁμοίαν εἴληφεν ὐδαμῆ ὐδαμῶς. Mais Arte-

C

midore dit plus liure 4. chap.3. Que non seulement la Nature est de toutes choses qui sont, & qui serôt, mais de celles mesme qui ne seront iamais, ἢ πάντη καὶ πάντως ἐξομοίων τε καὶ ἐκ ἐσομένων πειφορὰ, φύσις ὠνόμασαι. *Saturne apres la suit*] Et toutefois ce n'est pas de là la premiere influence, car les estoiles fixes qui sont au dessus influent aussi bien,& seruent à la Nature. Remarquons d'auantage que les noms donnez aux planetes, de Saturne, Iuppiter & autres, ne sont pas noms naturels, ny propres constitutions de leur nature, mais denominations positiues, pour l'instruction des hommes *qua stellis numeros & nomina fecit*, & de là est que Ciceron parlant de ceste planete ou estoile de Saturne adiouste, *quam in terris Saturniam nominant*. Macrobe. *Le Viellard venerable*] non que les astres soyent vieux ou ieunes, mais c'est en representation de leurs proprietez, effets & influences, comme icy Saturne vieil, parce qu'il est tardif, maleficque & qu'il produit des effects de froid & d'humidité, *Saturnus Deus pluuiarum est*, & principalement quand il se rencontre au Capricorne, *in Scorpio facit grandines*, & seul de toutes les planetes, ce dit Seruius, *longius à sole discedit, & bis ad vnumquodque signum recurrit*. *Marchand tardiuement*] *pigráque Saturni semita*. Claudian. Comme en effect c'est le plus tardif en son cours, qu'il ne parfait qu'ē 30. ans, & cela procedde, de ce que plus les Spheres des planetes sont proche du premier mobile, plus leur cours naturel en est tardif. Et de là est que le Ciel chrystalin, qui est la neufiesme Sphere, comme la plus proche de ce premier mobile, ne parfait son cours naturel qu'en 4900. ans selon les Astronomes. Lucian au traitté de l'Astrologie, impute ceste tardiueté, au grand esloignement de ce planete, tel qu'a peine le peut on remarquer icy bas, Φέρεται γὰρ ὁ κρόνος τὴν ἔξω φορὰν, πολλὸν ἀφ' ἡμέων, καὶ οἱ νωθρή τε ἡ κίνησις

DE L'ETERNITE'. 19

καὶ τῷ φησὶν τίοσι ἀνθρώποισι ὁράασθαι, διὸ δή μιν ἐτάιας λέγοισιν.
Vne grand faux.) ceste faux est symbolicque & significatiue de l'effect bon ou mauuais de cest astre, lequel côme la faux, quand il est direct & va en aduant, ne fait point de mal, mais si fait bien quand il est rettrograde, *Saturnus in progressu nihil nocet, cum est retrogradus, est periculosus, ideóque habere falcem in tutela dicitur,* Seruius. Fait à remarquer que l'antiquité, donnoit à chacque Dieu par distinction quelque instrument ou habit particulier, dôt se moque Arnobe liure 6. *In deorum corporibus* (dit-il) *lasciuiæ artificum ludunt, dántque his formas, quæ cuilibet tristi possunt esse derisui. Itaque Hammon cum cornibus formatur & fingitur arietinis, Saturnus cum obunca falce, cum Petaso gnatus Maiæ* &c. *A grands pas*] eu esgard à son cours extraordinaire qu'il fait en vingt quatre heures, d'où peut estre, les Massagetes à cause de cela, ce dit Herodote, luy sacrifioyent des cheuaux comme au plus viste de tous les dieux: car pour le regard de son cours naturel, διτλαῖς γὰρ πορείας πορεύεται, ce dit Aristote au liure du Monde, qu'il n'accomplit qu'en 365. iours & six heures, il n'est pas à si grands pas que celuy de la Lune qui se fait en 28. iours. *Par vne mesme trace.*] *sua per vestigia voluitur annus.* *De feu*] & de lumiere, *hic lucem rebus ministrat, aufertque tenebras, hic reliqua sydera occultat, hic vices temporum annúmque semper renascentem ex vsu naturæ temperat, hic suum lumen cæteris quoque sideribus fœnerat, præclarus, eximius* &c. Pline 2. ch. 6. *Qui nous fait les saisons*] merueilleux astre, ce dit Senecque *illum annus sequitur, ad illius flexum hyemes æstatesque vertuntur.* au 2. des questions naturelles ch. 11. *De ses douze maisons*] des 12. signes du Zodiaque, *descripto circulo, qui signifer vocatur, in 12. animalium effigies, & per illas solis cursus.* Plin. 2. ch. 4. Et tout ainsi que par ces douze signes du Zodiaque le Soleil fait les 4. saisons, la Lune fait aussi les 12. moys, repre-

C ij

sentez symbolicquement des Egyptiens, par vne palme qui chaque mois produit vn rameau, χȳ τὴν ἀνατολὴν ϕ σελήνης ce dit Orus.

La Lune pend sous luy, qui muable trans-
forme
Sa face tous les mois en vne triple forme,
Oeil ombreux de la nuict, guidāt par les forests.
Molosses & limiers, les veneurs & leurs rhets,
Que la sorciere adore, & de nuict resueillee
La regarde marcher nuds pieds, escheuelee.
Fichant ses yeux en elle. O grande Eternité,
Tu maintiens l'vniuers en tranquille vnité:
De chainons enlassez les siecles tu attaches,
Et couué sous ton sein tout le monde tu caches,
Luy donant vie & force, autremēt il n'auroit
Mēbres, ame, ne vie, & sās forme il mourroit:
Mais ta viue vigueur le conserue en son estre
Tousiours entier & sain sās amoindrir ne croi-
stre.

RICHELET.

La Lune pend sous luy] non pas immediatement sous le Soleil, car deux autres planetes sont entre-deux. Il est vray que quelques vns ont eu ceste opinion, fondée, sur ce qu'ils ont veu qu'il n'y a que la Lune qui face eclipser le Soleil, & pour celà ils ont creu qu'elle estoit immediatement sous luy, & de fait Ciceron constitue ces deux astres comme voisins & sans moyen, *Deus ipse Solem, quasi lumen accendit, ad secūdum supra terram ambitum.* où bien cela se doit entēdre, selon la diuision faite par quelques vns, des planetes en cinq distances, lesquels ne sont qu'vne distance de la Lune iusqu'au Soleil, & du Soleil iusqu'a Mars vn autre, ἐν πέντε διαστήμασι, τίθεσθαι τοὺς πλανήτας, ὧν τὰ μὲν ἐπὶ τὸ ἀπὸ σελήνης ἐπὶ ἥλιον, ne faisans point d'estat des deux autres planetes qui sont entre la lune & le soleil, peut estre à cause qu'ils sont ὁμόδρομοι ἡλίω, Plutarque au traicté de la creation de l'ame. Fait encor icy a obseruer comment l'ordre des planettes s'est cognu, assauoir par leurs eccipses & occultations, car il faut necessairement que celuy qui est eclipsé soit superieur, & puis que la Lune, quāt à nous, fait eclipser Mercure & le Soleil, il faut par n'ecessité d'ordre qu'elle soit sous eux.   *Qui muable.*} & d'vne mutation long temps incognue, comme i'ay dit ailleurs, d'où Ciceron dans Nonius, *lunæ quæ lineamenta sunt, potésne dicere cur eius nascentis alias hebetiora, alias acutiora videantur cornua? Tous les mois*] mais plustost toutes les sepmaines, & de fait que Philon Iuif remarque que ces figures & mutations diuerses, qu'il appelle σχηματισμοὺς, se font de sept en sept iours καθ' ἑβδομάδα, & à cause de la grande sympathie qu'a cet astre, entre les autres, auec la terre, il l'appelle συμπαθέστατον πρὸς τὰ ἐπίγεια ἄστρον. aux Allegories.   *En vne triple forme*] τρίμορφος. *Triuia* ce dit Germanicus, *eo quod tribus fungatur figuris*, διὰ τὸ τρία σχήματα κυριώτατα ἀποτελεῖν. Phornutus. *Oeil ombreux de la Nuict*] mais plustost de l'ombreuse nuict, si ce n'est à cause des qualitez de cet astre, qui de sa nature est vn corps sombre & sans lumiere, *fax aëris, nec vltra superficiem quauis luce penetrabilis*, & lequel aussi, de dit

C iij

Macrobe, nous communique icy bas, *solam ignis similitudinem carentem sensu caloris.* Guidant par les forests.] *astrorum decus & nemorum.* Virgile. Et c'est en cela qu'elle est Diane, & qu'elle preside aux chemins, & pour cela reputee vierge ce dit S. Augustin au 7. de sa Cité, ch. 16. parce que la voye ou le chemin n'enfante rien.

Molosses] grands chiens de chasse, & puissans, *multo legit arua molosso venator.* Statius. Fichant les yeux en elle.] la regardant attentiuement, comme quand elle va coupant ses herbes, ainsi que dit Virgile *falcibus ad lunam messæ. &c.* Tu maintiens l'vniuers] qu'entend il par là que l'Eternité maintient l'Vniuers? est-ce qu'il veut dire, que le mode doibue estre Eternel, ou bien qu'il soit sans commencement φύσεως ἀρχὴν ἔχων οὐδεμίαν, comme Platon en forme la question au Timee, & resoult en fin que combien qu'il ayt commencé & ayt esté creé ἀπ' ἀρχῆς τινὸς ἀρξάμενος, toutefois ayant esté creé sur vn patron eternel, il ne peut qu'il ne soit tousiours eternel à l'aduenir, εἰ μὲν δὴ καλός ὅδε ὁ κόσμος, ὅτε δημιουργὸς ἀγαθός, δῆλον ὡς πρὸς τὸν ἀΐδιον ἔβλεπεν. En tranquille vnité.] Dieu Eternel accordant ses qualitez contraires, suiuāt ce que dit Proclus, *quid aliud & multa vnit, & congregat segregata, nisi diuinitas?* Dieu (dis-ie) en l'vnion de ses Elemens conserue eternellement le monde *in æternitate custodit,* ce dit Seruius, *quia nulla pars elementi sine Deo est.* Ou bien parce que Dieu n'estant qu'vnité, ramene à soy par vnité tout ce qu'il a creé, *facit vtraque vnum,* & remarquós icy ce que dit Petrus Blesensis, que par sept ou huict sortes d'vnités, comme par degrez, nous paruenons à la derniere vnité qui est Dieu, au 15. sermon. Les siecles tu attaches] *adamante ligas fugientia sæcla.* Marulle. Et comme sous ton sein] *Dei quasi incubatu,* parce que Dieu est au dessus de toute sa creation, *infinitus Deus, primo superioris cœli circulo circumfuse supereminet, & omnis virtutis sua spiritu, in vsum ac naturam animantium temperat*, S. Hilaire psal. 135. Et par ce moyé il couue comme sous son sein tout le môde; auquel il communique, comme vne espece d'eternité, du moins d'immutabilité, τἠν ἀτρεψίαν, qu'appelle Psellus en son arithmethique. *Ame ne vie*] car non seulement le Monde a vne ame qui le viuifie, mais aussi vn entendement, & Platon au Timée dit que Dieu donna l'ame au corps du Monde ψυχἠν ἐν τῷ σώματι, pour le rendre viuant, mais à l'ame il donna l'intelligence & l'entendement, νοῦν μὲν ἐν ψυχῇ, d'où il l'appelle ζῶον ἔμψυχον ἔννουν τε, διὰ τἠν τοῦ θεοῦ πρόνοιαν. & en son politicque, ζῶον καὶ φρόνησιν εἰληχὸς ἐκ τοῦ συναρμόσαντος αὐτὸ κατ' ἀρχάς. De sorte que le monde est composé de substance intelligible & sensible, ἔκ τε σωματικῆς οὐσίας καὶ νοητῆς, d'esprit & de corps, l'vn la forme, & l'autre la matiere, Plutarque au traicté περ. ψυχογονίας, & quelques vns, côme Pythagore, ont creu mesme, que Dieu estoit l'ame du Monde, ce que refute S. Augustin au 4. de sa Cité chap. 12. parce que, dit-il, si cela estoit, il faudroit que tout ce qui naist au monde, procedât de ceste ame du Monde, fut partie de Dieu, ce qui est absurd. *Tousiours entier & sain*] marque de son eternité. Et il faut bien qu'il soit tousiours tel. Car la maladie en quelque suject que ce soit, ne peut proceder que de dehors ou de dedans, ce dit Philon Iuif, διτταὶ φθορᾶς αἰτίαι, ἡ μὲν ἐντὸς, τῆς δὲ ἐκτὸς. Pour le regard de dehors, rien ne peut arriuer au monde qui l'offense & le rêde malade, d'autant qu'il n'y a rien hors de luy, μηδενὸς ὑπολειπομένου μέρους, ὁλοκλήρων ἐγκατειλημμένων εἴσω. Pour le regard des choses qui sont dedans luy, aucune ne luy peut aussi faire de mal, parce qu'il s'ensuiuroit absurdement que la partie seroit plus forte que le tout τὸ μέρος τοῦ ὅλου καὶ μεῖζον ἔτι καὶ κραταιότερον. περ. ἀφθάρτ. *Sans amoindrir ne croistre*] autre marque encor de son Eternité, car ce qui a esté fait tout à coup, sans progrez d'aage ny de croissance, n'est point subiect à décroistre : car croistre & decroistre sont relatifs ᾧ ϒδ μὴ αὔξησις, ce dit Philon Iuif au mesme liure, μηδὲ μείωσις προσεστιν; or nous voyons que le monde ne croist point, & de là s'ensuit qu'il ne doit point diminuer, & qu'il doit donc durer eternellement.

Tu n'as pas les mortels fauorisez ainsi,
Que tu as heritez de peine & de soucy,
De vieillesse & de mort, qui est leur vray partage,
Te souciant bien peu de nostre humain lignage,
Qui ne peut conseruer sa generation
Sinon par le succez de reparation
A laquelle Venus incite la Nature
Par plaisir mutuel de chaque creature,
Pour garder son espece, & tousiours restaurer
Sa race qui ne peut eternelle durer.
Mais toy sãs restaurer tõ estre & tõ essence
Viue tu te soustiens par ta propre puissance,
Sans craindre les cizeaux des Parques qui çà bas
Ont puissance sur tout le vray lieu du trespas:
La terre est son partage, où felon il exerce
Par diuers accidens sa malice diuerce,

" N'ayant

DE L'ETERNITE.

» N'ayāt nōplus d'esgard aux Princes qu'aux
   bouuiers,
» Pesle-mesle, égalant les sceptres aux leuiers.
   Quand tes loix au Conseil l'estat du monde
   ordonnent,
En parlant à tes Dieux qui ton thrône enuirō-
   nent
(Thrône qui de regner iamais ne cessera)
Ta bouche ne dit point, Il fut, ou, Il sera:
C'est vn langage humain pour remarquer la
   chose:
Le temps present tout seul à tes pieds se repose,
Sans auoir compagnon: car tout le temps passé,
Et celuy dont le pas n'est encor auancé,
Sōt presens à tō œil, qui d'vn seul clin regarde
Le passé, le present, voire celuy qui tarde
A venir quant à nous, & non pas quant à toy,
Ny à ton œil qui void tous les temps deuāt soy.

RICHELET.

Tu n'as pas les mortels] les choses mortelles, les hommes.
Heritez.] partagez *Par le succez.*] par reparer successi-
uement ce qui deperit des indiuidus. *A laquelle Venus*] le plaisir naturel qui nous porte à ceste propaga-
tion.

D

Vt res per Veneris blanditum sæclaq́ propagent
Ne genus occidat humanum. · Lucrecé liu. 2.

Par plaisir mutuel.] c'est à dire des deux sexes, ἡ γὰρ συνουσία, ce dit Orus, ἐκ δύο ἡδονῶν συνέστηκεν, ἔκ τε τῆς ἀνδρὸς, ἢ τῆς γυναικός, & de là le double 16, hyeroglyphique des Egyptiens. Et S. Ignace en l'Epistre à Heron appelle les femmes συνεργοὺς τῆς γεννήσεως, ἄνευ ἧς γυναικὸς ἀνήρ, ἢ παιδοποιή-σεται. *& reparatio*, dit Seruius, *in sexu vtróque consistit*. *De chasque creature*] mais plus naturellement encor de l'homme & de la femme, d'autant que l'homme & la femme ne sont en effect que deux parcelles diuisees d'vn mesme animal, comme dit elegammét Philon Iuif, representant l'amour mutuel de l'homme & de la femme. ἔρως δ' ἐπιγινόμενος, καθάπερ ἑνὸς ζώου διττὰ τμήματα διεστηκότα συναγαγὼν, εἰς ταὐτὸν ἁρμόττεται, πόθον ἐνιδρυόμενος ἑκατέρῳ τῆς πρὸς θάτερον κοινωνίας, εἰς τὴν τοῦ ὁμοίου γένεσιν. *Pour garder son espece*] & pour reünir la fin à son commencement par vne suitte perpetuelle. Et c'est ce que medite encor excellemment Philon Iuif au liure περὶ κόσμου, quand il dit, qu'en la creation, Dieu a fait le commécement iusqu'a la fin, ἀρχὴν πρὸς τὸ τέλος, & a fait retourner ceste fin à son commencement, ἢ τέλος ἐπ' ἀρχὴν ἀνακάμπτειν ἐποίει, par le moyen que les especes se perpetuent, & de leur fin reprennent leur commencement: comme le fruit de la plante φυτῶν ὁ καρπὸς, est la fin du commencement ἐξ ἀρχῆς τὸ τέλος, & en tant qu'en ce fruict, comme en la fin de la plante, est la semence de l'espece καρπῶν τὸ σπέρμα, ceste fin est le commencement d'vne nouuelle plante, ἐκ τέλους ἀρχὴ, & voila comme se gardent & perpetuent les especes. *Sans restaurer ton estre*] parce que l'estre de Dieu & de son Eternité, est sa substance & sa nature mesme, voire son intelligéce & sa Deité, ce dit S. Thomas. Et comme dit S. Augustin, *esse in Deo non est accidens*, & consequemment ne se restaure point, parce qu'il est eternel & immuable, & non subiect à aucun affoiblissement ou diminution. *Des Parques*] de la Mort, *sumptis à parcendo vocabulis, antiphrasticè*, ce dit Petrus Blesens. ep.169. *Egalant les Sceptres aux leuiers*] *æquans sceptra ligonibus*, ce dit quelqu'vn. Car en effect, c'est en la mort qu'est la parfaite égalité ‑‑ἰσοτιμία ἐν ἅδου, καὶ ὅμοιοι πάντες, ce dit Lucian; *quæ veneraris & quæ despicis*, ce dit Seneque ad Marciam, *vnus exaquabit cinis*. *A tes Dieux*] à ces Intelligences creées qui sont au Ciel. *Il fut où il sera*] parce que ces termes de futur & du passé concernent les choses creées, sont marques & symboles de generation χρόνε γεγονότος εἴδη, τότ' ἦν ὅτ' ἔσται ce dit elegamment Platon au Timée, mais à l'Eternité il ne côuient que l'estre & le temps present, τὸ ἔστι μόνον, κτ' τὸν ὀρθὴν λόγον, d'autant qu'elle est Immobile & immuable, auquel cas les termes de futur & du passé ne s'y peuuent applicquer, parce que, comme dit le mesme Platon, ce qui est eternel immobilement, τὸ δ' ἀεὶ κτ' ταὐτὰ ἔχον ἀκινήτως, n'est iamais plus vieil ny plus ieune en vn temps qu'en l'autre, ὅτε πρεσβύτερον ὅτε νεώτερον προσήκει γίγνεσθαι. Et neantmoins fait à remarquer, ce que dit Gelase és actes du Concile de Nice, que l'Eternité se remarque aussi bien par ESTOIT comme par EST, comme quand l'Euangile parlant de l'Eternité du Fils de Dieu, dit, ὁ λόγος ἦν, le verbe estoit, cet ESTOIT est vn terme d'Eternité qui n'est precedé de rien, disent les peres du Concile, τὸ ἦν ἃ προϋπάρχει οὐκ ἔχει, τὸ ἦν, προεχάθει τὸ οὐκ ἦν. *C'est vn langage humain pour remarquer*] ou cômme dit Gregoire le Theologien, ce sont termes seruans à diuiser & partir les actions de nostre temps, lesquelles passent autrement & s'escoulent, τὸ καθ' ἡμᾶς χρόνε τμήματα κ̀ ῥευτῆς Φύσεως. *Le temps present tout seul.*]

‑‑præsenti inclusa fideli
Diuersósque dies obitu colligis vno, Marulle.

mais plus excellemment S. Augustin le dit en ses questions, *præteritum & futurum inuenio in omni motu rerum, in veritate quæ manet, præteritum & futurum non inuenio, sed solum præsens, & hoc incorruptibiliter. Discute rerum mutationes, inuenies fuit & erit, cogita Deum inuenies est, vbi fuit & erit esse non possit.* Dont le pas n'est encor aduancé] le futur. Sont presens à ton œil] C'est ce que dit encor S. Augustin au 12. de la Cité, chap.15. qu'au mouuement de l'Eternité de Dieu, il ne faut pas dire que cela a esté, qui n'est pas desia, où sera qui n'est pas encore, Et S. Hierome sur l'Epistre de S. Paul à Tite, Toute l Eternité est vn temps en Dieu, & la raison est de S. Hilaire au 1. de la Trinité, *quia in æternitate, posterius anterius-ue non congruit,* non plus qu'en la toute Puissance, *validius infirmius-ve,* Et c'est pourquoy Dieu se nommant soymesme, dit admirablement *& absoluta de se significatione, Ego sum qui sum, quia id ipsum quod est, neque desinentis est aliquando, neque cœpti.* Tous les temps deuant soy] *quia non est Deus temporum posterior,* ce dit Arnobe psal.134, *Et vt esset tempus, ab eo sumpsit exordium.* Et encor Platon au Parmenide, passe plus outre, car il dit, que le temps present mesme ne conuient pas propremét à Dieu, ny à son Eternité, parce qu'il est temps & le τὸ ὄν, l Eternité n'a point de temps, & ne se peut rapporter à aucun temps en tout, d'autant qu'elle est immobile & tousiours deuát tout temps, de sorte que nous ne pouuons conceuoir l'Eternité, que negatiuement, en disant qu'elle n'est point tout ce que nous pouuons enoncer ou imaginer d'elle.

Nous autres iournaliers, nous perdons la memoire
Des siecles ja coulez, & si ne pouuons croire,

DE L'ETERNITE.

Ceux qui sõt à venir comme nais imparfaits,
Encroustés d'vne argille & d'vn limon espais,
Aueugles & perclus de la saincte lumiere,
Que le peché perdit en nostre premier pere :
Mais ferme tu retiens dedans ton souuenir
Tout ce qui est passé, & ce qui doit venir,
Comme haute Deesse eternelle & parfaite,
Et non ainsi que nous de masse impure faite.

Tu es toute dans toy ta partie & ton tout,
Sans nul commencement, sans milieu, ne sans
    bout,
Inuincible, immuable, entiere & toute ronde,
N'ayant partie en toy, qui en toy ne responde,
Toute commencement, toute fin, tout milieu,
Sans tenir aucun lieu, de toutes choses lieu,
Qui fais ta Deité en tout par tout estendre,
Qu'on imagine bien, & qu'on ne peut com-
    prendre.

Regarde moy Deesse au grãd œil tout voyãt,
Royne du grand Olympe au grand tour flam-
    boyant,
Grande mere des Dieux, grande Dame &
    Princesse.

D iij

HYMNE

Si ie l'ay merité concede moy Deesse,
Concede moy, ce d'on: c'est qu'apres mō trespas
(Ayant laissé pourrir ma despoüille çà bas)
Ie puisse voir au Ciel la belle Marguerite
Pour qui i'ay ta loüage en cet Hymne descrite.

RICHELET.

Nous autres iournaliers.] subiects au temps & aux iours. *Encrousté d'vne argile*] κεραμίλλος γῆς qu'appelle Plutarq. *nugatoria & imbecilla corpuscula* ce dit Senecque au 2. de ses questions naturelles chap. 2. *fluida, nec magna molitione perdenda*, enfermez dans vn corps de terre, par allusion à la matiere du premier homme, qui fut du limon de la terre, comme dit Moyse, ἔπλασεν ὁ θεὸς ἄνθρωπον χοῦν λαβὼν ἀπὸ τῆς γῆς ; il est vray que ce ne fut pas, dit Philon Iuif, au liure de la creation, d'vne terre indifferente, & telle qu'elle se presenta par hazard, mais Dieu la choisit la plus nette & la plus pure, ἐκλέξας ἐξ ἁπάσης τὸ βέλτιστον, ἐκ καθαρᾶς ὕλης τὸ καθαρώτατον, comme vn parfait imager, qui vouloit faire vn parfait ouurage, pour seruir de maison & de temple, à son image, c'est à dire, à l'ame raisonnable, car comme dit le mesme, nostre corps, ceste argille ou terre choisie, qu'appelle nostre auteur, est la maison & le temple sacré de l'ame raisonnable, οἶκος χ̣ νεὼς ἱερὸς ψυχῆς λογικῆς. *Aueuglés & perclus de la sainſte Lumiere*] c'est à dire, de ceste pure & simple cognoissance, auec laquelle l'ame raisonable fut creée, auparauant que le peché l'eust aueuglee, ἀπὸ τοῦ τῆς λογικῆς φύσεως ἐν ψυχῇ ce dit Philon Iuif. Mais Trismegiste au Pimandre, impute cela à la masse du corps, qui con-

DE L'ETERNITÉ.

traint l'ame, *inimicum vmbraculum, quod te deorsum raptat, ne forte conspicias veritatis decorem, atque proximum bonum : hoc aciem interiorum sensuum hebetat & obtundit, crassa illa materia suffocat.* Car quand à l'ame, ce dit Seruius 6. elle a tousiours en soy, sa mesme clarté naturelle, mais son corps l'offusque, *vt si leonem includas in caueam, impeditus vim suam non perdit : sed exercere non potest. Ita animus non transit in vitia corporis, sed eius coniunctione impeditus, non exercet vim suam : animus per se nihil patitur sed laborat ex corporis coniunctione, per naturam suam non corrumpitur sed per contactum rei alterius.* Que le peché perdit] Comme s'il vouloit dire, que sans le peché l'ame eust conserué & retenu ses facultez & fonctions & sa lumiere, aussi libres auec le corps comme sans le corps, ce qui est vray, mais le peché luy a tout osté, *adempta est illi*, ce dit Tertulliã, contre Marcion lib. 2. ch. 2. *paradisi gloria, & familiaritas Dei, per quam omnia Dei cognouisset, si obedisset*, de sorte que Macarius elegãment Homelie 12. dit, qu'en ceste estrãge mutation l'homme est demeuré mort quand à Dieu ἀπὸ τῦ θεῦ ἀπέθανε, viuant seulement quand à sa propre nature τῇ ἰδίᾳ φύσει. Tu es toute dans toy] car hors d'elle qui a-il qui ne soit creé, & consequemment non eternel, *eius esse in sese est*, ce dit S. Hilaire contre l'Empereur Constantius, *non aliunde quod est sumens, sed id quod est, ex se atque in se obtinens*. Ta partie & ton tout] Marulle,

Ipsa eadem pars, totum eadem, sine fine, sine ortu,
Tota ortus, finisque æquè, discrimine nullo
Tota teres, nulláque tui non consona parte.

Qui est à dire que l'Eternité est vne integrité simple, toute entiere en chasque partie, car il n'y a point de partie en l'Eternité de Dieu, qui ne soit tout, *totus idem est*, ce dit Gregorius Beticus au liure qu'il a fait *de Trinitate & fide, secundum substantiam, non pars & pars, non membrum & membrum, sed simplex nescio quid, & integrum &*

perfectum. Sans nul commencement] qui est la vraye marque de l'Eternité de Dieu, τὸ κἰν, ce dit Laërtius, τὸ μήτε ἀρχὴν ἔχειν, μήτε τελευτὴν, & proprement Optatus Mileuitanus liu. 3. *Genus Dei est non habere genus, qui ex se est & manet in æternitate.* Et Tertullian contre Marciō, liure 2. chap. 3. *non tempus habuit, ante tempus quæ fecit tempus, sic vt nec initium ante initium, quæ constituit initium, atque ita carens & ordine initij & modo temporis, de immensa & interminabili ætate censebitur.* Immuable] S. Hilaire elegamment à ce propos psal. 2. *Nihil in æternam illam & perfectam naturam nouum incidit, neque qui ita est vt qualis est, talis & semper sit; ne aliquando non idem sit, potest effici, aliquid aliud esse, quam semper est.* Et de là est que les Platoniciens ont recognu, que tout ce qui se voyoit au monde estāt muable, & recepuant plus ou moins, ne pouuoit estre la premiere espece, ny Dieu Eternel, qui est tousiours constant & Immuable, ce dit S. Augustin au 8. de sa Cité chap. 6. parce qu'il ne se peut faire, ce dit Psellus en son arithmetique, que ce qui est vne fois vn, soit autre chose que tousiours vn, ἅπαξ γὰρ τὸ ἕν, ἕν ἐστί. Et fait à remarquer, que ceste Immutabilité de Dieu, a cela de particulier, que quoy que conuerty en toutes choses, il ne change point, *vt licet in omnia conuerti possit, tamen qualis est perseueret*, & c'est la differēce qu'il y a entre luy & ce qu'il a creé, d'autant que sa conuersion n'altere rien de ce qu'il est, au lieu que toutes les autres choses, *cum conuertuntur amittunt quod fuerunt, quia natura conuertibilium ea lege est, ne permaneant in eo quod conuertitur & perdunt conuertendo quod fuerunt*, Tertullian au liure *de carne Christi* chap. 3. N'ayant partie en toy qui en toy ne responde] d'autant qu'il n'y a rien de l'essence Eternelle, qui ne soit Eternel; rien de la substance Indiuisible de Dieu qui ne soit Dieu. Le mesme S. Hilaire encor psal. 2. admirablement, *de mutatione non nouus est qui origine ca-*
ret:

rerì ipſe eſt qui quod eſt, non aliunde eſt, in ſeſe eſt, ſecum eſt, ad ſe eſt, ſuus ſibi eſt, & ipſi ſibi omnia eſt, ſibi ipſe totus & totum. Toute commencement, toute fin, tout milieu] ſuiuant ce que dit Clement Alexãdrin au Protreptic, que Dieu contient le commencement, le milieu, & la fin de toutes choſes, ἀρχὴν ᾖ, τελευτὴν, ᾖ μέσα τῶν ὄντων. Sans tenir aucun lieu, de toutes choſes lieu] c'eſt à dire, comprenant en ſon Infinité (qui conſequemmẽt n'a point de lieu) toutes choſes qui ont lieu, & deſquelles elle eſt comme le lieu. Si ce n'eſt que nous diſions, auec les Pyrrhoniens ce que dit Laërtius, que le lieu n'eſt que par ſuppoſition pour la demonſtration, τόπον μὴ ᾖ δογματικῶς, ἀλλὰ ἀποδεικτικῶς; auquel cas, le lieu ne ſeroit icy mis, que pour monſtrer que l'Eternité embraſſe & contient tout en ſon infinité non circonſcripte, *ſed ſuperexcedenter*, ſuiuant ce que dit le Prophete, *Cœlum & terram impleo*, pour monſtrer que l'Eternité, *magis continet omnia, quàm continetur*. Par tout eſtendre] *vnus & obique totus diffuſus*, S. Cyprian. Qu'on imagine bien] & encor d'imagination grandement imparfaicte; car comment imaginer Dieu, duquel l'eſtre infiny, non plus que la forme, ne peut eſtre veu ny compris? & de là les philoſophes d'Egypte ſçachans bien que Dieu eſtoit, & ne pouuans s'en rendre capables, ny les peuples, en ont feint des formes ou images, telles qu'ils ont eſtimé pouuoir eſtre neceſſaires à rendre Dieu cognoiſſable & ſenſible à l'homme: & d'autant plus qu'ils ont recognu que la forme de Dieu ne ſe pouuoit voir ny comprendre, ils en ont voulu fabricquer & imaginer myſticquement & par hyeroglyphes, κατασκευάζειν τὰ ἀγάλματα ᾖ τεμένη, τῷ μὴ εἰδέναι τὴν τῦ θῦ μορφὴν, ce dit Laërtius: mais en effect quelque imaginatiõ que nous en conceuions, ne pouuant ſortir hors de noſtre ſens, elle eſt touſiours foible, & comme dit elegamment

E

Arnobe liure 3. *quidquid tacita mentis cogitatione conceperis, in humanum transilit & corrumpitur sensum, nec habet propriæ significationis notam, quod nostris dicitur verbis, atque ad negotia humana compositis. Vnus est hominis intellectus de Dei natura certissimus, si scias & sentias, nihil de illo posse mortali oratione depromi.* Et qu'on ne peut comprendre] combien que Dieu se comprenne aucunement par ses œuures, ἀχώρητος, ce dit Aristote au 6. du Monde, ἀλλὰ ἐκ αὐτῶν τῶν ἔργων θεωρεῖται, mais son Eternité est certes Incomprehensible, d'autant qu'estant infinie, & ny ayant rié au monde & en nostre esprit qui ne soit fini, elle ne peut estre comprise, non plus que la chose muable ne peut mesurer l'immuable, disent les mathematiciens, πρὸς τὰ ἀμετάπτωτα οὐδεὶς κανόσι καὶ μέτροις χρῆται τοῖς μεταπτώτοις, Strabon liure 2. outre que l'abysme en est si grand, que l'on s'y perd, ὅτι τέλεις, ce dit Macarius homel. 12. διὰ γνώσεως ἐρευνῆσαι καὶ εἰσελθεῖν, χωρεῖς εἰς βάθος, καὶ οὐδὲν καταλαμβάνεις. Bref ce dit encor S. Hilaire (grand & subtil Euesque de nos Gaules) *Intelligentiam commoue, & totum mente complectere, nihil tenes: totum hoc habet reliquum, reliquum autem hoc semper in toto est, ergo neque totum ei reliquum est, cui reliquum est, neque reliquum est, cui est omne quod totum est: ita religionem intelligentia excedit, extra quem nihil est, & cuius est semper, vt semper sit, ad quem eloquendum sermo sileat, & ad inuestigandum sensus hebeat, & ad complectendum intelligentia coarctetur.* Au grand œil tout voyant] parce que Dieu Eternel, est tout œil en ce qu'il voit, comme il est tout aureille en ce qu'il oit, *ipse totus oculus*, ce dit Tertullian au liure de la Trinité, *quia totus videt, & totus auris, quia totus audit, & totus manus quia totus operatur; Idem enim quidquid illud est, totus æqualis est, & totus vbique est.* Royne du grand Olympe] comme Platon appelle Dieu βασιλέα, ne luy donnant autre nom, ainsi qu'a remarqué Apulée sur la fin de sa premiere

DE L'ETERNITÉ.

Apologie, *quia totius rerū natura causa est, & ratio & origo initialis.* *Ayant laissé pourrir ma despouille*] estant mort: car la mort n'est rié autre chose qu'vne pourriture & corruption du corps φθίσις, & φθορά, & de là le songe mortel de Socrate, songeant qu'vne belle femme, luy disoit par vn vers d'Homere que dans trois iours il iroit en Phtie, c'est à dire qu'il mourroit, par équiuoque du propre nom de ceste ville de Thessalie, a l'effect de la Mort, φθισήνορος. Ciceron au 1. de sa diuination.

FIN.

A MONSIEVR RICHELET
sur son Hymne de l'Eternité.

Cet Hymne que tu mets à part
   Dessus l'autel de la Memoire,
   Comme vn chef d'œuure, que la Gloire
Conçeut en l'esprit de Ronsard;

Releué, sçauant, & plein d'Art,
   Emporte aisément la victoire
   Sur ces rhymeurs, qui se font croire
De sçauoir, & n'ont que du fard.

Mais pour leur faire honte entiere,
   RICHELET, fourni ta carriere,
   Fay veoir, par ce qui t'est resté

Sur tant de rares poësies,
   Qu'ils combattent, seconds Marsyes,
   Phœbus & son Eternité.

                            DV IOVR.

Comme en touchant le musc et l'ambre
On se parfume dans la chambre
Bien qu'on ne l'ait pas affecté,
De mesme sans qu'il s'en advise
Jy Richelet s'éternise
En parlant de L'éternité.

     Faridoil.

www.ingramcontent.com/pod-product-compliance
Lightning Source LLC
Chambersburg PA
CBHW060705050426
42451CB00010B/1280